DE LA
CONNAISSANCE DU TERRAIN
A L'USAGE
DES SOUS-OFFICIERS
PAR
L. LA FUENTE   MAX. CAFFARELLI
Lieutenant d'État-Major.   Sous-Lieutenant au 6e Hussards.

SAINT-GERMAIN-EN-LAYE
IMPRIMERIE TH. LANCELIN
Rue de Paris, 27.
1872

ÉLÉMENTS

DE LA

CONNAÌSSANCE DU TERRAIN

ÉLÉMENTS

DE LA

CONNAISSANCE DU TERRAIN

À L'USAGE

DES SOUS-OFFICIERS

PAR

L. LA FUENTE
Lieutenant d'Etat-Major.

MAX. CAFFARELLI
Sous-Lieutenant au 8me Hussards.

—⁓⁓⁓—

SAINT-GERMAIN-EN-LAYE

IMPRIMERIE TH. LANCELIN
Rue de Paris, 27.

—

1872

A MONSIEUR

F. DE LACOMBE

Colonel du 8me Régiment de Hussards.

PRÉFACE

D'après la nature du service qui incombe à la cavalerie légère, tout sous-officier de cette arme dot-être à même de pouvoir se servir d'une carte, pour exécuter convenablement les ordres qui lui seront journellement donnés en campagne.

Les exercices pratiques sont le moyen le plus sûr et le plus intéressant d'atteindre ce but; mais pour qu'ils puissent donner les meilleurs résultats, il faut que les sous-officiers possèdent d'abord certaines connaissances élémentaires qui leur font généralement défaut.

En écrivant le petit abrégé qui suit, nous avons cherché à leur présenter sous une forme accessible à toutes les intelligences, les éléments de la connaissance du terrain. Un ouvrage semblable publié à Berlin au commencement de l'année (*), nous a donné un plan, que nous avons suivi, en modifiant le développement de ses diverses parties.

(*) Der Unter-offizier im Terrain. — Berlin 1872.

1.

ÉLÉMENTS

DE

LA CONNAISSANCE DU TERRAIN

A L'USAGE DES SOUS-OFFICIERS

PREMIÈRE PARTIE.

DESCRIPTION DU TERRAIN

Dans le but de permettre aux Sous-Officiers de comprendre les ordres ou les explications qu'on leur donne sur la carte, et pour les mettre à même d'écrire convenablement un rapport, il est indispensable de leur faire connaître d'abord le nom exact des accidents du terrain et des objets qu'on rencontre à sa surface.

On appelle *Terrain*, la surface de la terre avec l'ensemble des objets naturels ou artificiels qui s'y trouvent.

Dans l'étude du terrain, on devra considérer :

1° Les parties solides;

2° Les parties liquides;

3° Les différents détails qu'on trouve sur le sol;

4° L'aspect général du terrain.

I. — *Parties solides.*

Les partie solides se divisent en: *plaines, élévations* et *dépressions.*

ÉLÉVATIONS. — Suivant leur taille, les élévations prennent les noms de montagnes, collines ou côteaux.

Dans toute hauteur on distingue :

Le *pied* ou la *base,* le *sommet* ou la *cime,* et les *flancs* ou *versants.*

Si le sommet au lieu d'être unique, est remplacé par une ligne dont tous les points sont à la même hauteur, cette ligne prend le nom de *crête* ou *arête.*

Dans une élévation, il est important de considérer le contour de la base et la hauteur à laquelle le sommet se trouve au-dessus de cette base. Cette hauteur est mesurée par la ligne verticale abaissée du sommet sur le plan qui sert de base.

Pour bien faire comprendre ce qui précède, nous allons donner ici quelques définitions géométriques très-élémentaires.

Parallèles. — On dit que deux lignes situées dans un même plan, sont parallèles lorsque ces deux lignes peuvent être prolongées indéfiniment sans se rencontrer.

Angles. — Lorsque deux lignes, situées dans un même plan, ne sont pas parallèles, elles forment en se coupant quatre angles, 1, 2, 3, 4. Un angle est donc la figure formée par deux lignes partant d'un même point A. Ce point s'appelle le sommet de l'angle, les deux lignes AB, AC, qui en partent s'appellent les côtés de l'angle *(fig. 1)*.

Pour apprécier la grandeur des angles, on a supposé l'espace autour du point A partagé par 360 lignes en 360 angles égaux. Chacun de ces petits angles a reçu le nom de *degré*.

La grandeur d'un angle est exprimée par le nombre de degrés qu'il contient. On dit par exemple, que l'angle B A C est un angle de 80 degrés, parce qu'il renferme 80 fois l'angle de un degré. Dans l'écriture par abréviation, on remplace le mot *degré* par un petit zéro inscrit au-dessus et à droite du chiffre indiquant le nombre des degrés.

Ainsi on écrit que l'angle B A C est de 80°.

Perpendiculaires. — Lorsque les quatre angles que forment deux droites en se rencontrant sont tous égaux entre eux, on dit que ces angles sont *droits* et que les deux droites sont perpendiculaires.

Les quatre angles droits valant 360°, chaque angle droit vaut 90°.

Un angle plus grand que l'angle droit, s'appelle un angle *obtus*, un angle plus petit s'appelle un angle *aigu*.

On dit qu'une ligne est perpendiculaire à un plan, lorsqu'elle forme des angles droits avec toutes les lignes que l'on mène dans ce plan par le point où elle le perce. Ainsi la droite AP est dite perpendiculaire au plan PQ, si elle forme des angles droits avec toutes les lignes PB, PC, PD, etc., menées par le point P, où elle perce le plan *(fig. 2)*.

On appelle *verticale* la direction que prend un fil à plomb. C'est aussi celle que suit un corps pesant tombant librement dans l'air.

Toute ligne qui rencontre le fil à plomb de manière à former avec lui un angle droit, s'appelle une *horizontale*.

Tout plan perpendiculaire au fil à plomb s'appelle *plan horizontal*.

A l'aide des définitions qui précèdent on comprend qu'on puisse déterminer la hauteur d'une montagne, en la supposant creuse et mesurant la longueur d'un fil à plomb qu'on laisserait pendre à l'intérieur jusqu'à ce que son extrémité arrivât au niveau du plan horizontal ou de la plaine sur laquelle repose la montagne.

Les flancs ou versants d'une montagne forment avec le plan horizontal que l'on suppose passer par le pied, des angles qui peuvent s'exprimer en degrés. Ainsi on dit que le flanc **AB** forme avec le plan horizontal **AD** un angle de 40°, ou bien qu'il a une *pente* de 40° *(fig. 3)*. La pente est dite constante toute le long du flanc, lorsque ce flanc forme des angles égaux avec des plans horizontaux menés à différentes hauteurs *(fig. 3)*.

Au lieu de déterminer les pentes par l'angle que forme le versant avec le plan horizontal, il est plus facile sur le terrain de mesurer la hauteur dont on s'élève ou s'abaisse en parcourant une certaine distance sur le versant.

On dit par exemple qu'une pente est de 8 pour cent si la différence de niveau entre deux points éloignés de 100 mètres est de 8 mètres.

Une pente de 5° est de 8 % environ;
— 10° 17 %;
— 15° 25 %;
— 25° 40 %;
— 35° 55 %;
— 45° 70 %;

Les pentes ont une grande importance au point de vue militaire; au delà de 45° elles sont impraticables. En les considérant de 5° en 5°, il est bon de noter les remarques suivantes:

La pente de 5° est accessible à toutes les armes; le feu de l'infanterie a sa plus grande puissance en descendant; dans ce sens, la cavalerie est un peu plus gênée qu'en montant.

A 10°, l'infanterie ne descend que difficilement sans se rompre. La cavalerie ne peut charger qu'en montant; les voitures montent avec peine et doivent enrayer pour descendre.

A 15°, l'infanterie peut encore monter sans se rompre, la cavalerie en fourrageurs, l'artillerie en zig-zag.

A 25°, l'infanterie gravit en tirailleurs, des cavaliers isolés montent encore en zig-zag.

A 35°, les fantassins peuvent à peine monter debout. A 45°, ils sont obligés de se servir de leurs mains pour grimper.

On dit que la pente monte ou descend suivant qu'on la considère du point le plus bas ou du point le plus haut.

Une pente descendante, un peu supérieure à 10°, favorise l'action du feu d'une troupe d'infanterie, et la couvre des attaques en ligne de la cavalerie ennemie.

Plusieurs montagnes juxtaposées forment une *chaine de montagnes.*

La ligne qui réunit les sommets, s'appelle ligne de *faite* ou *faîtage.* C'est la ligne de partage des eaux.

Les dépressions que l'on remarque entre deux sommets consécutifs sur la ligne de faîte s'appellent des *cols.*

C'est par ces points, que passent les routes qui font communiquer un versant de la chaine avec l'autre versant.

Dans la chaine des Pyrénées, les cols ont reçu le nom de *ports.*

Une plaine dé grande étendue située au haut d'une montagne ou massif montagneux, se nomme un *plateau.*

Dépressions. — Les dépressions de la surface de la terre se divisent suivant leur importance, en vallées, vallons et ravins.

Les vallées sont de grandes dépressions formées par la rencontre des pentes de deux chaines de hauteurs. Elles sont généralement parcourues par des cours d'eau.

Les vallées en se rétrécissant de plus en plus, prennent successivement le nom de vallons puis de ravins.

Il faut distinguer dans les dépressions, le *fond,* qui peut être plat ou en pente, et qui est la partie la plus basse des deux versants de montagne; les *côtés* qui sont ces versants eux-mêmes, et les *bords* qui sont la partie la plus haute des côtés. Les bords peuvent aussi être plats ou en pente.

II. — *Parties liquides.*

L'eau qui se trouve à la surface de la terre étant soumise à l'action de la pesanteur, tend à descendre jusqu'à ce qu'elle se trouve arrêtée par un obstacle.

A l'état de mouvement, les eaux reçoivent le nom d'eaux courantes. On appelle au contraire eaux stagnantes celles qui sont en repos.

Le terrain qui est mouillé par les eaux courantes s'appelle le *lit* de ces eaux.

Les eaux courantes, suivant l'importance de leur lit et du volume de liquide qui passe dans une minute en un point déterminé de ce lit, prennent les noms de fleuves, rivières, ruisseaux et torrents.

Le commencement d'un cours d'eau s'appelle sa *source*, le point où il se jette dans un autre cours d'eau s'appelle le *confluent*. Si le cours d'eau se jette directement dans la mer ou dans un lac, le point où il aboutit s'appelle alors *embouchure*.

La partie inférieure du lit s'appelle *le fond*, les parois latérales prennent le nom de *rives*. En supposant qu'un observateur placé à la source regarde vers l'embouchure, la rive qui est à sa droite s'appelle rive droite et celle qui est à sa gauche, s'appelle rive gauche.

Au point de vue militaire, il est essentiel de bien connaître la nature du fond d'un cours d'eau, les particularités que présentent ses rives, la profondeur de l'eau et les variations plus ou moins brusques que cette profondeur est susceptible d'éprouver.

La vitesse du cours de l'eau est aussi utile à connaître, car tous ces éléments servent pour déterminer la façon dont on pourra traverser cet obstacle.

La nature du fond et la profondeur de l'eau s'obtiennent par des sondages.

Pour mesurer la vitesse de l'eau, on opère de la manière suivante:

Deux observateurs sont placés sur une rive à une distance connue, soit 200 mètres l'un de l'autre. On jette au milieu du cours d'eau, et plus haut que les deux observateurs, un flotteur en bois. Au moment où il passe devant eux, chacun note l'heure sur sa montre. La comparaison des heures fait voir le temps mis par le flotteur à parcourir les 200 mètres. Supposons que ce soit 40 secondes; en divisant 200 par 40, nous aurons l'espace parcouru en une seconde, c'est-à-dire la vitesse du cours d'eau; nous trouvons ici 5 mètres.

On appelle *pente* d'une rivière, l'angle que forme

la surface de l'eau avec le plan horizontal. Au lieu d'exprimer cette pente par l'angle on donne généralement la hauteur, dont le niveau de l'eau s'abaisse pour une longueur déterminée du cours d'eau.

On dit par exemple, qu'une rivière a une pente de 1 mètre pour 6000 mètres.

A Saint-Germain, la pente de la Seine est de 1 mètre pour 7000 environ.

Un endroit où la profondeur de l'eau est assez faible pour qu'un homme puisse y passer sans nager, s'appelle un *gué*. Au point de vue militaire, la nature du fond du gué en détermine l'utilité. Chaque fois qu'on doit se servir d'un gué, il faut le reconnaître de nouveau, pour s'assurer que des envasements ou des affouillements ne l'ont pas rendu impraticable, ce qui arrive souvent après les grandes pluies.

Les eaux stagnantes prennent, suivant leur importance, les noms de mers, lacs, étangs, mares.

On peut encore ranger dans les parties liquides les terrains mous ou détrempés qui comprennent :

Les *prairies humides* que l'infanterie et la cavalerie peuvent parcourir dans la saison sèche; les *tourbières* qui sont peu praticables en toute saison ; les *fondrières* qui sont formées par une croûte solide reposant sur un fond liquide, et enfin les *marais*.

III. — *Détails qui se trouvent à la surface du terrain.*

Le *sol* est la couche superficielle de la terre. Sa nature le rend plus ou moins propre aux mouvements des troupes.

S'il est pierreux, il gêne la marche, détériore le matériel roulant, use rapidement la chaussure des hommes et la ferrure des chevaux.

S'il est sablonneux, il ralentit et fatigue l'infanterie, mais il a l'avantage de s'améliorer par les temps de pluie.

Enfin, s'il est argileux, il est très-sensible aux variations de l'atmosphère; excellent pendant la sécheresse, il peut devenir absolument impraticable après des pluies un peu prolongées.

La végétation qu'on rencontre à la surface du sol est aussi très-importante à considérer au point de vue militaire.

De grandes céréales couvrent les mouvements de l'infanterie sans les empêcher. Il en est de même des forêts ou des bois lorsqu'ils sont clairs. Aussi, ne faut-il jamais oublier de noter ce point dans les reconnaissances.

Les bois serrés et les taillis sont des obstacles qui ne permettent que les mouvements en tirailleurs. Ils offrent un abri excellent à l'infanterie poursuivie par des cavaliers. Le bord d'un bois s'appelle la *lisière*; il faut indiquer si cette lisière est garnie de buissons et de petits arbres ou non.

Une place dépourvue d'arbres, dans l'intérieur d'une forêt, s'appelle une *clairière*. Si elle est de petite dimension elle prend le nom *d'éclaircie*.

Examinons maintenant les constructions élevées par la main de l'homme.

Nous trouvons : 1° Les lieux habités : chaumières, maisons, fermes, hameaux, villages, bourgs et villes.

Nous expliquerons plus tard leur rôle dans les opérations de la guerre.

2° Les voies de communications : routes, ponts, canaux et chemins de fer.

Les routes sont classées, suivant leur importance, en routes nationales, routes départementales, chemins de grande communication, chemins vicinaux, chemins d'exploitation.

Le milieu de la route qui est réservé aux voitures s'appelle *chaussée*; à droite et à gauche de la chaussée sont les *bas-côtés* ou *accotements* destinés aux piétons.

La nature de la chaussée sert aussi à désigner l'espèce de la route. Les routes pavées et les routes empierrées sont les plus solides. Les chemins d'exploitation sont, en général, à l'état naturel, c'est-à-dire en terre. Quand on veut les faire servir longtemps au passage de lourds convois, on couvre le sol avec des fascines ou des rondins placés transversalement au chemin. Ce genre de routes est très-employé dans les siéges pour faciliter les charrois de l'artillerie.

Les ponts servent à franchir les dépressions. qu'elles soient pleines d'eau ou non.

On distingue trois parties dans les ponts : les *piles* ou *supports*, les *arches* et le *tablier*.

Il y a des ponts définitifs ou permanents. et des ponts provisoires ou de service.

Les ponts permanents ont des piles en pierres. Les arches peuvent être en pierre, en fer ou en bois. Le tablier est empierré ou pavé. Les ponts suspendus ont leur tablier soutenu par des cables en fer et non par des arches. Le tablier est en bois. Ces ponts sont peu solides; il faut prendre des précautions quand on veut y faire passer une troupe nombreuse.

Dans les ponts provisoires, les piles sont remplacées par des *palées*; le tablier, presque toujours en bois, est soutenu par une charpente. Ces ponts sont très-faciles à détruire par le feu.

Les canaux sont des cours d'eau artificiels qui peuvent rendre de grands services pour assurer les approvisionnements des armées.

Les chemins de fer ont une importance encore bien plus grande. Dans l'attaque comme dans la défense, ils permettent d'accumuler rapidement en un point des ressources de toute espèce, et ont joué un rôle considérable dans les guerres récentes, tant au point de vue stratégique qu'au point de vue administratif.

Les chemins de fer sont à double voie ou à simple voie. Les premiers sont préférables, ils offrent moins de chances d'accidents et permettent plus de rapidité dans les transports.

Une des voies est réservée aux trains montants, l'autre aux trains descendants.

La voie du chemin de fer est généralement suivie par une ligne télégraphique.

IV. — *Du terrain en général.*

Comme aspect général, le terrain est dit découvert, couvert, mouvementé ou coupé.

Le terrain est *découvert*, si rien n'y gêne la vue et les mouvements de troupes. Il est favorable à l'emploi des masses de cavalerie, mais peu propice aux patrouilles, puisqu'elles ne peuvent s'approcher de l'ennemi sans être aperçues.

Le terrain est *couvert* lorsque la vue y est gênée par des bois, des maisons, des murs, etc. Ces obstacles n'empêchant pas les mouvements de troupe, c'est le terrain le plus favorable pour l'emploi des petits détachements qui y trouvent partout des abris. La cavalerie peut arriver à l'improviste sur l'ennemi et le surprendre. La facilité avec laquelle on peut y dresser des embuscades, exige beaucoup de vigilance dans le service des éclaireurs.

Le terrain est *coupé* lorsqu'il est traversé par des fossés, des cours d'eau, des ravins, des vallées.

Il est très-gênant pour la cavalerie, qui y est souvent obligée à de grands détours. Les mouvements de ce terrain peuvent, au contraire, être utilisés comme abris par l'infanterie.

Lorsque le terrain est à la fois coupé et couvert, il réunit les avantages et les inconvénients qu'on vient de voir. Des détachements d'infanterie bien conduits peuvent y jouer un rôle important. La cavalerie ne peut qu'y envoyer de petites patrouilles.

Le terrain doit toujours être reconnu dans toutes ses parties, car il peut présenter des ondulations longues et régulières, ou bien de brusques dépressions qui, invisibles au premier coup-d'œil, peuvent cependant cacher des troupes nombreuses.

On appelle *défilés* les passages qui se présentent dans les obstacles. Ils rendent impossibles les déploiements et retardent la marche des troupes.

Le passage d'un défilé sous le feu de l'ennemi est une opération des plus difficiles.

Il faut comprendre dans les défilés les routes

traversant les villages, les viaducs, les ponts, les chemins creux, etc.

Les défilés ont une grande importance dans les combats d'avant-postes ou d'arrière-garde, car une troupe peu nombreuse, mais énergique, peut y résister pendant longtemps à un ennemi très-supérieur en nombre.

Il faut, dans l'appréciation des défilés, tenir compte de la valeur numérique de la troupe qui doit les franchir. Une vallée d'une demi-lieue de large forme par exemple, un défilé pour un corps d'armée déployé, mais ne présente pas du tout le même caractère pour un régiment.

DEUXIÈME PARTIE.

—

DES CARTES.

—

I. — *Définitions.*

Les cartes sont des dessins destinés à représenter le terrain, tel qu'on le voit dans la nature, au moyen de signes conventionnels et en réduisant toutes les dimensions. *(Voir les signes conventionnels, pl. II)*. La fraction qui indique combien de fois les lignes du dessins sont plus petites que les lignes correspondantes du terrain s'appelle l'échelle de la carte. Toutes les longueurs étant ainsi réduites, on a soin de leur donner exactement la direction qu'elles ont sur le terrain, afin d'avoir une image semblable à la nature. Il s'en suit que sur la carte, les angles sont représentés en vraie grandeur, tandis que toutes les lignes sont réduites conformément à l'échelle adoptée.

Sur les cartes, les objets sont dessinés comme on les verrait en s'élevant très-haut dans l'air au-dessus de la partie qu'on veut reproduire. Le terrain paraîtrait alors plat, et les objets ne seraient marqués que par le contour de leur base sur ce plan. Cette sorte de dessin s'appelle *une projection*. Supposons, pour faire comprendre ce procédé de représentation, que l'on mette un livre sur une table, et qu'on trace autour de sa base un trait de crayon; en enlevant le livre, il restera un rectangle qui représente la projection de ce livre. En réduisant ce rectangle à l'échelle adoptée pour faire le plan de la table, on aurait la figure représentant le livre.

On opère d'une manière analogue pour figurer les maisons, les villages, les ponts, les routes, etc.

II. — *Dessin des Cartes.*

La construction des cartes se divise en deux parties. On figure d'abord en projection toutes les particularités qui se trouvent à la surface du terrain : routes, maisons, bois, rivières, etc. C'est ce qu'on appelle dessiner la *planimétrie*. Ensuite, on représente sur ce dessin les mouvements de terrain à l'aide d'une convention particulière dont nous dirons seulement un mot pour ne pas aborder un sujet trop difficile.

Supposons que nous ayons déterminé les hauteurs relatives de tous les points marqués sur la planimétrie, et que les nombres qui représentent ces hauteurs soient inscrits sur le dessin. Nous n'aurons là rien qui fasse voir à simple vue les inflexions de la surface du terrain. Joignons alors par un trait tous les points situés à la même hauteur, 10 mètres, par exemple. Nous aurons une courbe horizontale qui nous donnera la figure que l'on aurait obtenue en coupant le terrain par le plan horizontal mené à la hauteur de 10 mètres. Autrement dit, nous aurons la trace qu'aurait laissée sur le terrain une inondation qui se serait élevée à la hauteur de 10 mètres. En traçant ainsi les courbes que fourniraient des plans espacés de 10 en 10 mètres, on aura un ensemble qui fera parfaitement voir à l'œil les formes du terrain.

Au lieu de laisser subsister ces courbes, on figure généralement le terrain avec des hachures. Pour cela, on opère comme il suit :

Partant de la courbe la plus élevée, on trace, entre cette courbe et celle immédiatement au-dessous, des barres ou hachures suivant la direction que prendrait une goutte d'eau qu'on laisserait couler à partir de chacun des points de la courbe supérieure. Ces barres sont perpendiculaires à chacune des courbes auxquelles elles se limitent. L'écartement qu'on laisse entre elles est du quart de leur longueur. On fait le trait d'autant plus épais que la hachure est plus courte *(fig. 4)*.

Les plans qui déterminent les sections horizontales doivent être également distants les uns des autres. Cette différence de hauteur s'appelle *l'équidistance*. Pour les plans au $\frac{1}{10000}$, il est d'usage de la prendre de 5 mètres et de 10 mètres pour ceux au $\frac{1}{20000}$.

III.— *Échelle graphique.*

L'échelle graphique sert à mesurer directement les distances sur la carte ; elle sert aussi dans l'exécution des levés à vue à reporter sur le papier les longueurs mesurées sur le terrain.

La construction de cette échelle se ramène à trouver en centimètres et millimètres la longueur qui doit représenter sur le papier une longueur déterminée du terrain, le kilomètre, par exemple. On arrive à ce résultat en se servant de la fraction qui détermine l'échelle du dessin. Supposons qu'on veuille construire l'échelle graphique d'une carte au $\frac{1}{20000}$. A cette échelle, on sait que toutes les longueurs sur le papier sont 20000 fois plus petites que les longueurs correspondantes du terrain, et réciproquement. Nous allons chercher quelle sera sur le papier la longueur qui représentera un kilomètre sur le terrain.

1 mètre sur le terrain, est représenté par une longueur 20000 fois plus petite sur la carte, donc par la 20000ᵉ partie d'un mètre. Ce qu'on écrit sous forme de fraction $\frac{1}{20000}$ de mètre. Un kilomètre sur le terrain sera représenté par 1000 fois cette fraction, c'est-à-dire par $\frac{1000}{20000}$ de mètre. En effectuant la division ainsi indiquée, nous trouvons pour quotient 0ᵐ,05, ce qui nous indique que, sur le papier, le kilomètre sera représenté par 0ᵐ,05. Connaissant cette longueur, nous opérons la construction suivante *(fig. 5)* :

Nous traçons une ligne droite indéfinie. Nous prenons vers l'extrémité gauche un point qui sera l'origine des distances marquées sur l'échelle.

A partir de ce point, nous portons de gauche à droite la longueur 0^m,05 qui représente le kilomètre. Nous inscrivons zéro au-dessous du point origine, et 1000 au-dessous du 2e. Nous portons ensuite encore 0^m,05 à partir du point 1000 et vers la droite. Nous inscrivons 2000 au-dessous de ce troisième point. En continuant de même, nous obtenons les points 3000, 4000, 5000. Comme il est rare qu'on ait à mesurer sur le plan des longueurs supérieures à 5000 mètres, on ne construit généralement pas l'échelle plus loin.

A l'aide de la figure ainsi obtenue, on ne peut mesurer que des longueurs représentant un nombre exact de kilomètres. Pour pouvoir apprécier les fractions de kilomètres, on porte, à partir du point zéro et vers la gauche, la longueur qui représente le kilomètre, et on la divise de manière que chacune de ses subdivisions représente la plus petite distance qu'on veuille pouvoir mesurer sur la carte.

L'échelle une fois construite, pour l'employer à la mesure des distances, on opère de la manière suivante : Ayant mesuré sur la carte, avec un compas, la longueur qu'on veut connaître, on porte la *pointe de gauche* sur le point zéro, et on pose celle de *droite* sur la ligne de l'échelle. Cette pointe tombera, en général, entre deux des points marqués sur la ligne; supposons par exemple entre le troisième et le quatrième. Cela nous indique que la longueur est comprise entre 3000 mètres et 4000 mètres. Pour apprécier la fraction de kilomètre, nous plaçons la pointe de *droite* sur le point 3000, et nous regardons où tombe celle de *gauche*. Ce sera évidemment à gauche du zéro, sur une des petites divisions tracées de droite à gauche à partir de ce point. Le nombre inscrit au-dessous nous fera connaître la fraction de kilomètre qu'il faut ajouter à 3000 mètres pour avoir la longueur exacte.

Pour se servir de l'échelle graphique dans la construction des levés à vue, on opère de la manière suivante :

Supposons qu'on ait tracé la direction d'un embranchement de route. Sur cette route se trouve une maison isolée. On mesure la distance à laquelle cette maison se trouve de l'embranchement. Soit 1800 mètres, par exemple. Pour avoir alors le point où on devra dessiner la maison, sur la direction qui représente la route, on utilisera ainsi l'échelle. La partie à droite du zéro donne les kilomètres; la partie à gauche donnera les fractions de kilomètre. La longueur, 1800 mètres, se compose de 1 kilomètre, plus 800 mètres. Nous portons la pointe de *droite* du compas sur le point 1000 mètres, et nous ouvrons la branche de gauche jusqu'à ce que sa pointe tombe au point 800 mètres situé à gauche du zéro. L'ouverture totale est alors égale à 1000 mètres, plus 800 mètres, ou bien à 1800 mètres.

On a donc ainsi la distance à laquelle on devra placer la maison isolée sur la route.

TROISIÈME PARTIE.

—

DÉTERMINATION DES DISTANCES

Il est d'une grande importance en campagne de savoir apprécier les distances. C'est une faculté qui se développe facilement par la pratique et qui est féconde en résultats.

Dans les levés à vue, elle permet d'opérer avec une grande rapidité. Sur le champ de bataille, elle donne le moyen de régler efficacement le tir d'une troupe, ou bien de se tenir hors de portée du feu de l'ennemi.

On arrive à la connaissance des distances : 1° Par la mesure au pas; 2° par l'observation du temps mis à les parcourir à cheval, aux trois allures; 3° par le son; 4° à simple vue.

2.

Examinons successivement ces quatre procédés.

I. — *Mesure des distances au pas.*

Pour pouvoir mesurer les distances au pas, il faut d'abord s'assurer que l'on marche d'une manière bien régulière, c'est-à-dire que l'on fait toujours le même nombre de pas pour parcourir une distance fixe : 200 mètres ou 300 mètres, par exemple. Cette opération préliminaire s'appelle *étalonner* son pas.

On parcourt un grand nombre de fois la distance connue de 200 mètres ou 300 mètres, ayant le soin de noter à chaque fois le nombre de pas que l'on a fait. La *moyenne* de ces nombres, c'est-à-dire le résultat qui s'est présenté le plus fréquemment, est ce qui fait connaître le pas de l'homme. Ce résultat, variable avec la taille de chaque individu, ne s'écarte cependant pas trop de 125 pas par 100 mètres. En adoptant ce nombre, on peut facilement déduire le nombre de mètres du nombre de pas, en remarquant que 100 est égal aux $\frac{4}{5}$ de 125. Il suffit donc de prendre le cinquième du nombre de pas, et de le retrancher de ce nombre pour avoir la distance en mètres.

Si en *étalonnant* son pas, on a trouvé plus de 125 pas pour 100 mètres, on retranche plus de $\frac{1}{5}$. Si on a trouvé moins, on retranche moins. Pour de petites distances et en terrain plat, ce procédé est assez exact.

II. — *Mesure des distances par le temps mis
à les parcourir à cheval.*

L'ordonnance de cavalerie fait connaître la distance que parcourt en une minute un cheval dont les allures sont bien réglées.

Ce résultat étant le fruit d'un grand nombre d'expériences faites avec soin, on peut y trouver un moyen de mesurer rapidement les distances avec une exactitude très-suffisante.

Les nombres donnés par l'ordonnance pour les chevaux de cavalerie légère, de cavalerie de ligne et de cavalerie de réserve sont les suivants :

Au pas	100^m	110^m	120^m en une minute
Au trot	230	240	250	—
Au galop	330	340	350	—

Partant de là, si on compte le nombre de minutes et secondes mis à parcourir une distance, à une allure bien réglée, on en déduira facilement cette distance. Pour des itinéraires ou des reconnaissances un peu étendues, ce procédé est le meilleur à employer, car il joint à une assez grande exactitude, une rapidité souvent précieuse.

III. — *Évaluation des distances par le son.*

La lumière se propage avec une vitesse tellement considérable (1), que l'on peut dire qu'elle apparaît au moment même de sa production. Il n'en est pas de même pour le son. A une température moyenne de 15° à 20° centigrades, il parcourt seulement 335 mètres environ à la seconde. Par conséquent, si on voit tirer un coup de canon, et si on compte le nombre de secondes qui s'écoule entre le moment où brille la flamme et celui où le son parvient à l'oreille, ce nombre multiplié par 335, donnera en mètres la distance à laquelle le canon se trouve de l'observateur. Quand l'air est calme, ce procédé donne la distance à quelques dizaines de mètres près, mais si le vent souffle fort, on sera exposé à commettre des erreurs de plusieurs centaines de mètres. Quand on n'a pas à sa disposition de montre à secondes, on peut encore évaluer la distance en comptant à une cadence un peu plus rapide que celle du pas accéléré depuis le moment où la lumière apparaît, jusqu'à celui où le son arrive. La cadence du pas accéléré étant de 110 à la minute, en la forçant un peu, on arrive à compter 120 en 60 secondes, c'est-à-dire 2 en une seconde. La

(1) 80,000 lieues par seconde.

moitié du nombre compté donnera ainsi le nombre de secondes.

Le bruit produit par la marche d'une troupe ne s'entend qu'à une certaine distance, variable suivant la nature du sol et suivant la façon dont cette marche s'exécute. L'expérience a donné un moyen de déduire grossièrement les distances de la façon dont on perçoit ces bruits dans une nuit calme.

Ainsi, une compagnie d'infanterie qui a rompu le pas se fait entendre jusqu'à 400 mètres ou 450 mètres. Si elle marche au pas, jusqu'à 500 mètres ou 600 mètres. Un escadron au pas se fait entendre jusqu'à 600 mètres ; au trop ou au galop jusqu'à 700 mètres ou 750 mètres. Des cavaliers isolés marchant au pas ou trottant à l'anglaise ne se font pas entendre à plus de 150 mètres à 200 mètres. Sur le pavé ou sur un sol très-sonore, les bruits se font entendre beaucoup plus loin que ne l'indiquent les chiffres ci-dessus. Ils ne sont pas moins bons à retenir, car ils peuvent être utilisés pour régler l'allure et le mode de marche d'une troupe quand elle doit passer à proximité de l'ennemi sans se faire signaler.

IV. — *Appréciation des distances à vue.*

Les objets paraissent d'autant plus petits qu'ils

sont plus éloignés de l'observateur. La grandeur apparente d'un objet de dimensions connues, peut donc servir à donner une idée de la distance à laquelle il se trouve. En même temps que l'objet semble se rapetisser par l'éloignement, il perd de la netteté de ses contours et de ses détails. Un observateur exercé peut encore trouver là le moyen d'évaluer la distance qui le sépare de l'objet considéré.

Dans l'application de ces procédés, il faut tenir compte de l'état de l'atmosphère et de la différence de niveau qui peut exister entre le point de station et le point qu'on examine. Enfin la façon dont ce point est éclairé devra encore être prise en considération. Il est facile de se convaincre par l'expérience des effets produits par ces diverses causes.

Quand un objet est éclairé par une lumière placée derrière l'observateur, ses contours deviennent plus nets et il paraît plus rapproché. Cet effet est encore plus sensible si cet objet se détache sur un fond sombre.

Au contraire, si la lumière est placée en avant de l'observateur, l'objet perd de sa netteté, et, par suite semble s'éloigner.

Les dimensions verticales semblent exagérées ou amoindries suivant qu'on les considère de haut en bas ou de bas en haut.

C'est ainsi que la différence de niveau entre le sommet d'une montagne et un point de la plaine paraît beaucoup plus grande pour l'observateur placé au sommet que pour celui placé dans la plaine.

Le brouillard, la pluie, la neige, rendant les objets un peu confus, les font paraître plus éloignés. Un air très-pur et une grande lumière diminuent au contraire l'éloignement.

Voulant apprécier les distances, on voit qu'il faut avoir fait de nombreux exercices pour pouvoir se rendre compte des effets produits par les causes que nous venons d'examiner. En commençant par de petites longueurs, on peut arriver, au bout de quelque temps, à une assez grande sûreté de coup-d'œil. Les grandes distances ne doivent jamais être évaluées d'un seul coup, il vaut mieux les diviser en plusieurs parties, au moyen des points remarquables qui se présentent sur leur parcours, et apprécier séparément la grandeur de ces parties. Dans ce genre de travail, on peut tenir un certain compte des résultats suivants, qui sont particulièrement applicables en campagne :

A 1500 mètres, l'infanterie paraît comme un trait sombre au-dessus duquel les canons de fusils dessinent une ligne à reflets brillants. Si ces reflets sont vifs et persistants, la troupe se rapproche. S'ils sont vagues et fugitifs, elle s'éloigne. La cavalerie paraît comme un trait plus nourri dont le haut est dentelé.

Entre 1200 mètres et 900 mètres, l'infanterie

paraît sous forme de trait dentelé. On peut distinguer dans les rangs des cavaliers les chevaux non montés.

A 900 mètres, on distingue les diverses fractions de la troupe et les pièces de canon.

A 800 mètres, on aperçoit les mouvements des troupes et la tête des chevaux.

A 600 mètres, on distingue le haut du corps des hommes et les jambes des chevaux.

A 500 mètres, on distingue le mouvement cadencé des bras des fantassins en marche.

A 450 mètres, on distingue tous les mouvements de la marche.

A 300 mètres, les ornements brillants de l'uniforme.

A 200 mètres, les jambes des hommes immobiles et les pieds de ceux en marche.

Enfin, à 150 mètres, la tête devient distincte.

Pour les maisons, par un temps très-clair, on distingue :

De 450 mètres à 600 mètres, les croisées des fenêtres ;

De 900 mètres à 1200 mètres, les arbres et les poteaux ;

Se détachant sur le ciel :

De 3000 mètres à 4000 mètres, les cheminées.

De 6 à 8 kilomètres les maisons isolées.

Jusqu'à 12 kilomètres, les moulins à vent.

Jusqu'à 15 ou 20 kilomètres, les grandes églises.

Tous ces résultats sont donnés pour une bonne vue. Ils ne doivent être considérés ici que comme des renseignements généraux.

QUATRIÈME PARTIE.

—

PROCÉDÉS D'ORIENTATION.

La terre est animée d'un mouvement de rotation sur elle-même. La ligne qui lui sert de pivot dans ce mouvement s'appelle *l'axe de la terre.* Les deux points où cet axe perce la surface s'appellent *les pôles.* Ils ont reçu le nom de *Pôle nord* et *Pôle sud,* ou par abréviation, *Nord* et *Sud.*

Une aiguille aimantée placée en équilibre sur une pointe jouit de la propriété de prendre une direction constante qui est précisément celle du nord au sud. En menant une ligne perpendiculaire à celle qui représente la direction de l'aiguille aimantée, on a deux droites dont les extrémités ont reçu le nom de *Points cardinaux*.

En regardant le nord, on a appelé *Est* l'extrémité de droite de la seconde ligne, et *Ouest* son extrémité de gauche. Les quatre points cardinaux sont donc le *Nord*, l'*Est*, le *Sud* et l'*Ouest*.

On dit qu'on est *orienté* en un lieu lorsqu'on y connaît la position des points cardinaux. Le problème de l'orientation consiste donc à déterminer un des points cardinaux, car la connaissance d'un seul entraîne immédiatement celle des trois autres.

Nous allons examiner rapidement les différents moyens que l'on peut employer pour arriver à ce but.

---

1. — *Boussole.*

On a donné le nom de boussole à un petit instrument composé d'une aiguille aimantée, en équilibre sur un pivot, et renfermée dans une petite boîte carrée. *(Fig. 6)*.

En plaçant la boîte sur un plan horizontal, la direction que prendra l'aiguille aimantée étant par définition celle du Nord au Sud, on aura immédiatement les points cardinaux.

II. — *Orientation à l'aide de l'étoile polaire.*

Si par une nuit claire on examine les étoiles, on voit qu'elles sont toutes animées d'un mouvement *apparent* qui est la conséquence du mouvement de rotation de la terre. Deux points seulement paraissent immobiles dans le ciel, ce sont ceux qui se trouvent sur le prolongement de l'axe de rotation de la terre. L'un est situé dans l'hémisphère nord, et, par conséquent est visible de tous les points compris entre le pôle nord et l'équateur. L'autre est situé dans l'hémisphère sud. Le premier de ces points, qui seul nous intéresse, paraît occupé par une petite étoile qui a reçu le nom d'*Étoile polaire*. Elle indique constamment la direction du Nord.

Pour retrouver facilement cette étoile, on se sert de deux *constellations* ou groupes d'étoiles bien connus : le *Grand Chariot* ou *Grande Ourse*, et le *Petit Chariot* ou *Petite Ourse*.

Ces deux constellations se composent chacune de sept étoiles, dont quatre forment un trapèze à peu près régulier, tandis que les trois autres dessinent un arc de cercle qui vient passer par un des sommets du trapèze *(Fig. 7)*.

L'étoile polaire fait partie de la Petite Ourse ; elle se trouve à l'extrémité de l'arc de cercle. On la rencontre sur le prolongement du côté extérieur du trapèze de la Grande Ourse. Cette dernière constellation, tout entière formée de grandes étoiles brillantes, est facile à retrouver dans le ciel, et on en déduit, comme nous venons de le dire, la position de la *Polaire*, c'est-à-dire le Nord.

III.— *Orientation à l'aide du soleil et de la lune.*

Lorsqu'on connaît l'heure exacte, la position du soleil permet de déterminer les points cardinaux. En effet, le soleil se lève à l'est, se couche à l'ouest et arrive au plus haut point de sa course au-dessus de la ligne nord-sud.

Ainsi, à 6 heures du matin, le soleil est à l'est; à 9 heures, au sud-est; à midi, au sud; à 3 heures du soir, au sud-ouest; à 6 heures du soir, à l'ouest.

A l'une quelconque de ces heures, on peut alors déterminer les points cardinaux.

Supposons, par exemple, qu'on ordonne à une petite patrouille de marcher vers le sud pendant toute une journée. En partant à 6 heures du matin, le sous officier qui est chargé de diriger la petite troupe, se placera de façon à avoir le soleil tout à fait sur son flanc gauche, il regardera ensuite droit devant lui, cherchant à trouver un objet remarquable situé à la plus grande distance possible.

L'ayant trouvé, il marchera dans cette direction qui est celle du sud. Supposons qu'il atteigne le point de repère à onze heures. Après une halte d'une heure, à midi, il repartira faisant face au soleil, et choisissant encore un point dans la nouvelle direction. S'il atteint ce point vers trois heures, pour continuer sa marche vers le sud il aura besoin de choisir un nouveau repère en laissant le soleil dans la direction du demi à droite. Enfin, à six heures du soir, il devra trouver le soleil tout-à-fait sur le flanc droit de sa route.

Il faut bien remarquer qu'on ne doit se servir du soleil que pour déterminer les points de repère à des heures fixes, et non pour se guider à chaque instant de la marche.

La nuit, on se servira de même de la lune, en ayant seulement soin de tenir compte de la *phase* dans laquelle elle se trouve. En effet, on sait que lorsque la lune est pleine, à six heures du soir elle est à l'est, à minuit au sud, à six heures du matin à l'ouest.

Dans son premier quartier, c'est-à-dire lorsqu'elle apparaît comme un croissant dont les cornes sont tournées à gauche, à six heures du soir elle est au sud, à minuit à l'ouest. Enfin, dans son dernier quartier (croissant tourné à droite), à minuit elle est à l'est et à six heures du matin au sud.

Partant de ces données, on se guide dans une

marche de nuit en choisissant successivement des points de direction à l'aide de la lune, comme nous l'avons expliqué en employant le soleil.

—————

IV. — *Orientation à l'aide d'une carte.*

Les cartes sont construites de façon que les côtés du cadre soient dirigés vers les points cardinaux. En regardant la feuille, le nord est en haut, le sud en bas, l'est à droite, et l'ouest à gauche.

Par suite, on peut trouver la position des points cardinaux quand on a marqué sur la carte le lieu où l'on se trouve. A cet effet, il faut choisir, à partir de ce point, une ligne quelconque du terrain, puis prendre sur la carte celle qui la représente, et tourner le dessin jusqu'à ce que les deux lignes soient l'une sur l'autre. A ce moment, on est sûr que la carte est exactement placée comme le terrain qu'elle représente, c'est-à-dire que toutes ses lignes ont la même direction que celles qui leur correspondent sur le terrain. On dit que la carte est *orientée*. La position du nord ou du sud sur le terrain s'obtient alors en visant suivant un des côtés verticaux de la carte.

Il est rare qu'on emploie ce procédé pour déterminer les points cardinaux ; généralement, on se sert d'eux, au contraire, pour orienter la carte en dirigeant ses côtés parallèlement aux lignes nord-sud et est-ouest. Il devient alors facile, soit de déterminer sur la carte le point qu'on occupe sur le terrain, soit de choisir sur le terrain la route à suivre pour se rendre en un lieu désigné.

En résumé, on voit qu'il y a deux procédés pour orienter une carte.

Le premier, basé sur la connaissance du point du dessin qui représente le lieu où se tient l'observateur; le second basé sur la connaissance des points cardinaux. Nous reviendrons plus loin sur ces deux manières d'opérer.

CINQUIÈME PARTIE.

DES LEVÉS A VUE.

Les *levés à vue* ou *croquis* que les sous-officiers peuvent être appelés à fournir, n'auront généralement d'autre but que de faire connaître approximativement, soit le chemin suivi par une petite patrouille, soit la position des vedettes en avant d'un petit poste. Ils doivent donc, dans leur travail, rechercher plutôt la clarté qu'une abondance de détails qu'on ne songe pas à exiger d'eux.

Ils n'ont, en général, ni le temps ni les instruments nécessaires à l'exécution d'un levé rigoureux ; aussi, on ne leur demande qu'un croquis, permettant au chef de la grand'garde de marquer sans difficulté sur sa carte la position des petits postes et des vedettes. Ils devront y signaler les places occupées par leur troupe, en notant les points remarquables du terrain qui en sont les plus rapprochés *(Fig. 9)*.

1. Exécution du dessin. — Avant de partir, le sous-officier doit indiquer sur son papier la direction nord-sud et l'échelle graphique avec laquelle il compte faire son croquis. Marquant alors son point de départ, il oriente sa feuille, puis trace la route qu'il prend pour se rendre à son poste. En avançant, il figure les changements de direction et les embranchements des routes ainsi que les accidents remarquables du terrain de la manière suivante :

Ayant mesuré, par un des moyens que nous avons indiqué, la distance qui sépare son point de départ du premier coude rectiligne de la route, il la reporte sur son dessin avec l'échelle graphique ; puis, se plaçant au coude, il oriente encore sa feuille et trace la nouvelle direction comme la première.

Le sous-officier, pour exécuter facilement les visées, doit faire face à la route qu'il cherche à représenter, élever sa feuille à hauteur de sa poitrine, l'orienter, puis tracer la ligne droit devant lui, c'est-à-dire dans la direction où il l'aperçoit sur le terrain.

Quand le coude forme une courbe, BC par exemple *(Fig 8)*, pour arriver à la représenter, le sous-officier prolonge la direction rectiligne AB jusqu'à sa rencontre avec CD au point O. Il opère pour ce point comme pour un changement de direction rectiligne, puis mesurant les distances OB, OC, il obtient les extrémités de la courbe qu'il trace ensuite à simple vue.

Les mouvements de terrain se représentent en courbes ou en hachures, mais le défaut d'instrument ne permet pas d'opérer ici avec une grande exactitude. La position du sommet étant déterminée, la pente sera appréciée à l'œil, et c'est avec ces éléments qu'on figurera les inflexions du terrain.

L'examen attentif des cartes et leur comparaison avec la nature permettront au sous-officier d'arriver peu à peu à cette évaluation des hauteurs qui est la partie la plus difficile des levés à vue.

Des applications nombreuses, en lui rendant ces procédés familiers, lui donneront les moyens d'opérer avec rapidité et avec une exactitude suffisante.

3

Le sous-officier devra toujours accompagner ses croquis d'un petit rapport qui, dans le cas particulier d'une grand'garde, indiquera sa composition, son emplacement, ainsi que le nombre et la position des vedettes.

SIXIÈME PARTIE.

—

DES RECONNAISSANCES.

Les reconnaissances sont des opérations ayant pour objet la recherche de *renseignements militaires*.

L'ordonnance sur le service en campagne les divise en trois sortes : les reconnaissances journalières, les reconnaissances spéciales et les reconnaissances offensives. Nous ne nous occuperons ici que des reconnaissances spéciales qui seules rentrent dans le cadre de notre travail. Elles ont pour but l'étude du terrain au point de vue militaire, soit dans son ensemble, soit dans quelques-uns de ses détails. L'objet de la reconnaissance est toujours indiqué pour chaque cas particulier, sur l'ordre que reçoit la personne chargée de son exécution.

Quand il s'agit d'une étude générale, on doit examiner les positions que le terrain présente, les facilités qu'elles offrent pour l'attaque ou la défense, les obstacles qu'on y rencontre, les ressources en eau et bois pour l'établissement d'un bivouac, les lieux habités et les routes. C'est là un travail important qui ne sera jamais confié à des sous-officiers; nous ne nous y arrêterons donc pas plus longtemps, mais nous allons donner des règles générales pour l'exécution des reconnaissances de détails dont ils peuvent être chargés.

Route. — On devra indiquer la largeur de la route, la nature de sa chaussée, sa position par rapport au terrain environnant (déblai ou remblai), les points où elle se rétrécit, les mauvais pas, les travaux à exécuter pour la réparer, les points de départ et d'arrivée, les embranchements, les lieux habités qu'elle traverse, les montées, les descentes, et les ouvrages d'art sur lesquels elle franchit les ravins et les cours d'eau.

Chemin de fer. — On fera connaître sa direction, le réseau auquel il appartient, s'il est à une voie ou à deux, sa position par rapport au terrain environnant, les ouvrages d'art (ponts, tunnels, viaducs), les passages à niveau, les embranchements, les gares, l'installation de ces gares et les ressources qu'on y trouve (ateliers, eau, charbon.)

Cours d'eau. — On notera sa direction, sa largeur, sa profondeur, la nature du fond, la différence de niveau des deux rives et les cultures qu'on y rencontre; les ponts fixes, les gués, les points favorables à l'établissement de ponts militaires, les ressources du pays environnant pour leur construction, l'état des chemins de halage, la vitesse de l'eau et les variations habituelles de son niveau.

Forêts. — On indiquera leur position, leur étendue, l'essence des arbres, la nature du bois (taillis ou futaie), les routes et chemins qui les traversent, les éclaircies, les mouvements de terrain et les maisons sous bois, les ruisseaux, les ravins, les mares et les particularités que présente la lisière.

Villages. — On peut faire la reconnaissance d'un lieu habité à deux points de vue : 1° au point de vue défensif; 2° au point de vue des ressources qu'il offre pour le cantonnement.

Dans le premier cas, on signalera la position du village, ses dimensions, ses rues, les routes qui y aboutissent, et particulièrement celles par lesquelles on peut craindre une attaque, la nature des cultures environnantes, les fossés, les murs, les haies qui les divisent avec leur orientation par rapport à la ligne suivie par l'assaillant, l'épaisseur des murs, les matériaux qui entrent dans leur construction, ainsi que ceux employés dans les toitures; les travaux à exécuter pour rendre l'enceinte continue, et organiser un réduit central, les moyens d'éviter, autant que possible, et d'éteindre les incendies. En pays ennemi, on notera aussi le nombre, la composition de la population et les sentiments dont elle paraît animée.

Au point de vue du cantonnement, la reconnaissance fera connaître le nombre et les dimensions des maisons, la disposition et l'importance des bâtiments pouvant servir d'écurie, le nombre de fours banaux ou particuliers, la quantité de pain qu'ils peuvent fournir en vingt-quatre heures, et enfin, les ressources de la localité en bestiaux, grains, fourrages et moyens de transport.

Nous allons maintenant faire voir, par quelques exemples, la façon dont on doit disposer les rapports.

RECONNAISSANCE D'UNE ROUTE.

RAPPORT *sur la reconnaissance exécutée le 10 Mai 1872 sur la route de Carrières-sous-Bois à Maisons-Laffitte.*

ORDRE :

Le maréchal des logis X... reconnaîtra la route entre la porte de Carrières et le village du Mesnil pour s'assurer de l'état dans lequel elle se trouve. Il étudiera le terrain à droite et à gauche de la route pour faire connaître les obstacles qui s'y rencontrent.

Saint-Germain, le 9 Mai 1872.

LE CAPITAINE COMMANDANT,
X...

EXÉCUTION DE L'ORDRE :

La route sort de la forêt de Saint-Germain par la porte de Carrières-sous-Bois. Elle a, en ce point, uné largeur de 6 mètres. La chaussée est empierrée, en bon état, et descend en pente très-douce vers le village qui se trouve à 400 mètres plus loin. La route est bordée de trottoirs de 2 mètres. Elle occupe le fond d'un vallon de 250 mètres de largeur environ, dont les côtés sont impraticables, tant par suite de leur inclinaison qu'à cause des arbres et des murs qui les garnissent.

Le trottoir de gauche longe le mur de clôture du château du Val. A sa sortie du vallon, la route pénètre dans le village ; elle y présente plusieurs embranchements : ceux de droite qui conduisent à la terrasse, au village du Pecq et à la Seine ; celui de gauche qui, par une montée très-rapide, arrive au sommet du coteau.

La route resserrée entre les maisons, n'a plus qu'une largeur de 5 mètres environ ; ses trottoirs disparaissent, sa pente devient ascendante, et prend une valeur de 8 % pendant une centaine de mètres. Elle est dominée à gauche par le coteau ; le terrain, à droite, est occupé par des maisons dont les jardins sont entourés de murs. La route, après avoir formé plusieurs coudes assez brusques, arrive au haut de la montée, où elle reprend une largeur de 7 mètres. Elle détache à gauche un embranchement qui conduit au château du Val suivant la direction est-ouest, et un peu plus loin une impasse bordée de maisons. Le sommet de la montée est à 200 mètres de l'entrée du village. La route descend ensuite avec une inclinaison de 4 % pendant 400 mètres environ. Elle est longée à droite par un mur, et présente à gauche, plusieurs chemins conduisant à des carrières creusées sous la colline. Au point le plus bas, on trouve à droite une route menant à la Seine, et à gauche un chemin qui, suivant le fond d'un petit vallon, conduit dans la forêt à la porte du Buisson-Richard. A partir de ce point, la route n'a plus de murs à droite ; elle domine, de ce côté, des terres labourées qui descendent en pente douce vers la Seine. A 400 mètres du chemin du Buisson-Richard, on rencontre, sur le côté gauche, la ferme de Vaux, ayant vis à vis d'elle un verger entouré de murs.

Derrière la ferme, à flanc de coteau, on trouve la mairie de Carrières-sous-Bois. Quelques pas plus loin, la route se bifurque. La branche de droite, longeant le pied des hauteurs, se dirige vers Maisons-Laffitte, conservant la direction du nord-ouest que la route a suivie depuis Carrières.

La branche de gauche, qui n'a qu'une largeur de 5 mètres, se dirige au nord, s'élevant sur le coteau par une pente de 9 o/o environ pendant 300 mètres. Puis, elle devient presque horizontale pendant 400 mètres, et pénètre alors entre les murs des premiers jardins du Mesnil. A 200 mètres plus loin, près de l'église, elle se divise en trois branches qui vont, la première à l'est, à Maisons-Laffitte, la deuxième au nord, au point où la route de Poissy sort de la forêt, et la troisième à l'ouest, dans la forêt elle-même.

En résumé, la route entre Carrières et le Mesnil est partout en bon état ; elle est presque constamment resserrée entre des murs qui empêchent de marcher à droite et à gauche, dans les terrains avoisinants et est dominée à l'ouest par des coteaux au sommet desquels on trouve le mur de clôture de la forêt de Saint-Germain.

Les coupures qu'on pourrait faire à la route seraient sans importance et faciles à réparer.

Saint-Germain, le 10 mai 1872.

LE MARÉCHAL DES LOGIS,

X...

RECONNAISSANCE D'UNE RIVIÈRE.

ORDRE :

Le sous-officier X... reçoit l'ordre d'étudier le cours de la Seine entre Chatou et Maisons-Laffitte au point de vue des défenses qu'il présente contre un ennemi s'avançant dans la presqu'île de Houilles.

Saint-Germain, le 10 Mai 1872.

LE CAPITAINE COMMANDANT,

N.

3.

EXÉCUTION :

A Chatou, la Seine a une largeur de 240 mètres et une profondeur de 4 mètres 50. Elle coule du nord-est au sud-ouest. A quelques centaines de mètres plus loin, le milieu du lit est occupé par l'île du Chiard, dont la pointe nord est traversée par la chaussée du chemin de fer, qui franchit les deux bras de la rivière sur deux ponts en pierre.

L'île a 800 mètres de long sur 250 mètres de large. Elle a le même niveau que les deux rives et renferme quelques maisons entourées de prairies.

Le village de Chatou est presque tout entier sur le côté droit de la Seine. Il se relie par une succession de villas à Croissy, situé du même côté à 1200 mètres plus bas.

Vis à vis de ce nouveau village, commence l'île de la Chaussée, reliée par une étroite langue de terre à celle du Chiard. Elle divise la rivière en deux bras ayant tous deux une largeur de 80 mètres environ.

Cette île, longue de 2000 mètres et large de 200 mètres, est traversée aux deux tiers de sa longueur par la route de Chatou à Bougival.

La Seine décrit en ce point un coude et prend jusqu'à Saint-Germain la direction du sud-est au nord-ouest pendant 4500 mètres. La rive gauche dans ce nouveau parcours est garnie de côteaux à pente rapide dont la crête éloignée de 250 à 300 mètres du bord, possède un commandement de 70 à 80 mètres sur la rive opposée. Au pied de ces côteaux, on trouve les villages de Bougival, Port-Marly et le Pecq.

Après l'île de la Chaussée, qui se termine vis à vis les dernières maisons de Bougival, on rencontre l'île de la Loge qui a une longueur de 2500 mètres environ et une largeur de 100 mètres seulement. Son extrémité nord est boisée. Le bras à l'est de l'île a 100 mètres de large, celui à l'ouest 70 à 80 mètres seulement. Entre Croissy et le Pecq, on trouve sur la rive droite le bois du Vésinet, dont la lisière est sensiblement parallèle à la Seine, mais en est distante de 400 à 500 mètres.

À partir du Pecq, la rivière change de nouveau de direction et coule de sud-ouest au nord-est jusqu'à Maisons-Laffitte, pendant 6500 mètres environ. Deux ponts franchissent la Seine au-dessous de Saint-Germain ; le premier, long de 200 mètres, est en pierres, il sert aux voitures et aux piétons. Le second, situé à 600 mètres plus bas, fait partie d'un grand viaduc de 800 à 900 mètres de long, sur lequel passe le chemin de fer. Quelques unes de ses piles reposent sur une petite île de 250 mètres de long, placée juste au milieu de la Seine. A partir de Saint-Germain, les hauteurs de la rive gauche s'abaissent, leurs crêtes s'éloignent à 600 mètres environ de la rivière. La terrasse de Saint Germain occupe sur une longueur de 2000 mètres, le faîte du coteau entre cette ville et le hameau de Carrières. Elle a un commandement de 45 à 50 mètres sur la rive droite. La largeur de la rivière n'est plus que de 120 à 130 mètres jusque vis à vis le Mesnil. En ce point, elle se divise en deux bras pour former les îles de la Borde et de la Commune. La première ayant 1200 mètres de long sur 80 de large, la deuxième 1000 de long sur 200 mètres de large ;

c'est sur cette dernière que passe le pont du chemin de fer de Rouen. L'écartement des deux rives de la Seine est ici de 400 mètres. Le bras Est a 150 mètres de large, le bras Ouest, 45 à 50 mètres.

Sur tout le parcours entre Chatou et Maisons-Laffitte, la vitesse du cours d'eau est sensiblement de 0 mèt. 65, par seconde. La profondeur varie entre 4 à 5 mètres. Le fond est généralement pierreux, excepté dans la partie entre le Pecq et Carrières-sous-Bois où il est un peu vaseux. Les bords de la rivière sont peu élevés au-dessus du niveau de l'eau.

Saint-Germain, le 11 Mai 1872.

LE MARÉCHAL DES LOGIS,

X...

RECONNAISSANCE D'UNE FORÊT.

ORDRE :

Le sous-officier X... reçoit l'ordre de reconnaitre rapidement la forêt de Saint-Germain.

Saint-Germain, le 10 Mai 1872.

LE CAPITAINE-COMMANDANT,

X...

EXÉCUTION :

La forêt de Saint-Germain s'étend au nord de la ville. Elle occupe presque toute la presqu'île que la Seine forme entre le Pecq et Poissy. Elle compte 11000 mètres de longueur dans la direction du sud-ouest au nord-est et 4500 mètres du sud-est au nord-ouest. Trois des côtés sont fermés par des murs, le quatrième, au Nord, est bordé par la Seine.

La forêt est presque partout plantée en haute futaie; on y trouve principalement des chênes et aussi des ormes, des charmes et des trembles. Le sol est partout solide et sablonneux, ce qui permettrait de faire marcher des troupes sous bois. Une route nationale, ayant une chaussée de 25 mètres de largeur et conduisant de Saint-Germain à Conflans, traverse la forêt à peu près du sud au nord. A 2500 mètres de la ville, on trouve à gauche de la route la maison des Loges, dont les murs de clôture enferment un jardin de 250 mètres de profondeur et de 350 mètres de large. A 2000 mètres plus loin, la route de Conflans coupe la route de Poissy à Maisons, au carrefour de la croix de Noailles. A 1800 mètres de ce point, la route franchit à niveau la chaussée du chemin de fer de Paris à Rouen. Enfin la porte de Conflans, par laquelle la route sort de la forêt est à 2100 mètres environ après le chemin de fer.

Une seconde route nationale large de 25 mètres, partant de Saint-Germain et conduisant à Poissy, traverse également la forêt. Elle a une longueur de 2700 mètres

et est orientée du sud-est au nord-ouest. A son extrémité
nord, on trouve la route de Poissy à Maisons, large de
10 mètres, qui se dirige d'abord au nord-est pendant
2200 mètres, fait un coude brusque et marche de l'Ouest
à l'Est jusqu'à la porte de Maisons.

Le chemin de fer de Rouen traverse la forêt tantôt en
remblai, tantôt en déblai, entre Maisons et Poissy.

Indépendamment de ces grandes voies de communication, la forêt est sillonnée de chemins en terre de 4 à
6 mètres, la plupart du temps en ligne droite, et presque tous praticables aux voitures.

Le sol est peu mouvementé, on n'y trouve que des
ondulations légères. Il y a trois clairières assez impor-
tantes. La première à gauche de la route des Loges. La
seconde près du rond-point de Noailles, au nord de la
route de Poissy à Maisons. La troisième près du passage à niveau du chemin de fer à gauche et à droite de
la route de Conflans. La première sert de terrain de
manœuvre. Les deux autres sont cultivées en céréales.

Outre la maison des Loges, on trouve dans la forêt
les bâtiments de la Faisanderie, près du chemin de fer ;
le château de la Muette, à peu près vis à vis et à une
distance de 1500 à 1800 mètres. Enfin deux ou trois
fermes sur les bords de la Seine, à l'extrémité nord de
la forêt.

Saint-Germain, le 10 Mai 1872.

LE MARÉCHAL DES LOGIS,

X...

RECONNAISSANCE D'UNE FERME.
au point de vue défensif.

ORDRE :

Le sous-officier X... reçoit l'ordre d'aller reconnaître la ferme du Trou-d'Enfer au point de vue des propriétés défensives qu'elle présente.

LE CAPITAINE-COMMANDANT,

N.

EXÉCUTION DE L'ORDRE :

La ferme du Trou-d'Enfer se compose de cinq corps de bâtiment. Les quatre premiers forment un rectangle qui enferme une cour ayant 90 mètres du sud-ouest au nord-est et 55 à 60 mètres du sud-est au nord-ouest; le cinquième est une maison d'habitation, construite parallèlement aux petits côtés de la cour, réliée au bâtiment sud-est et qui n'a que 40 mètres de longueur sur 8 mètres de large. Elle divise la cour en deux portions inégales, l'une de 60 mètres de long et l'autre de 20 mètres seulement. Examinons chaque partie en détail :

1° *La Maison d'habitation*, placée entre les deux cours, à une longueur de 40 mètres et une largeur de 8 mètres. La partie qui touche au bâtiment sud-est n'a qu'un rez-de-chaussée divisé en deux portions formant un cellier et une remise. Le reste est à un étage avec mansardes au-dessus. La façade nord présente de nombreuses ouvertures; ce sont les portes du cellier, de la remise et de l'escalier, (qui est extérieur), plus cinq fenêtres au rez-de-chaussée et trois au premier étage. Du côté sud, nous trouvons deux portes et quatre fenêtres au rez-de-chaussée et trois fenêtres seulement au premier étage.

Un petit jardin, large de 10 mètres et entouré d'un mur de 60 centimètres de hauteur, occupe toute la longueur de cette façade.

Les murs ont une épaisseur de 40 centimètres; ils sont en pierre. Le toit est couvert en ardoises. L'intérieur de la maison est partagé en chambres par quatre petits murs de séparation en briques.

2° *Le Bâtiment sud-ouest* est séparé en deux parties par la grande porte d'entrée qui a une largeur de 4 mètres environ. A droite de la porte, on trouve un grand hangar ouvert sur la cour et surmonté d'un grenier auquel on accède par un escalier extérieur en bois.

Ce hangar a 28 à 30 mètres de long sur 8 mètres de large. Le toit est couvert en tuiles; le mur extérieur a 60 centimètres d'épaisseur, il est percé à une hauteur de 3 mètres du sol par trois créneaux horizontaux de 60 centimètres de large sur 10 centimètres de hauteur.

A gauche de la porte d'entrée est une écurie de 6 mètres de large sur 8 mètres de profondeur, séparée par une cloison en briques d'un hangar de 20 mètres de largeur, dont la moitié est surmontée d'un grenier.

Le pignon ouest du hangar est percé d'une grande fenêtre en plein cintre de 1 mètre de large, située à 4 mètres au-dessus du sol. Il est en saillie de 2 mètres sur le bâtiment suivant.

3° *Le Bâtiment nord-ouest* est formé de deux parties, il a une longueur totale de 90 mètres et une largeur de 6 mètres à l'intérieur. Les murs sont épais de 70 centimètres. La partie la plus au nord comprend trois écuries, l'une de 10 mètres, l'autre de 24 mètres, la troisième de 6 mètres. Le mur extérieur est percé de sept créneaux élevés de 3 mètres au-dessus du sol. La deuxième partie comprend un poulailler et une forge de 5 mètres chacun, puis une bergerie de 40 mètres de long avec greniers au-dessus. Le mur extérieur est percé de neuf ouvertures en créneaux, et d'une fenêtre longue et étroite qui éclaire la forge. Sur la cour, on trouve huit portes, trois pour les écuries, une pour le poulailler, une pour la forge et trois pour la bergerie. Extérieurement, le bâtiment des écuries est en saillie de 1 mètre sur celui de la bergerie.

4° *Le Bâtiment nord-est* a une longueur de 76 mètres et une largeur de 10 mètres. Son extrémité nord dépasse de 2 mètres environ la façade du bâtiment précédent. Il se compose d'un grenier de 25 mètres de longueur, puis de celliers, chambres, dépôts d'instruments aratoires, et enfin, d'un atelier de charronnage. Le pignon qui le limite à l'est est percé de deux grandes fenêtres élevées de 2 mètres au-dessus du sol. La façade est percée de trois portes et de deux fenêtres élevées de 4 mètres au-dessus du sol. Au milieu, se trouve une construction extérieure en torchis, ayant la forme que représente le plan *(pl. III)*, et qui donnerait de bons flanquements.

5° *Le Bâtiment sud-est* a une longueur de 90 mètres et une largeur de 6 mètres, comme celui qui lui fait face. Il est divisé intérieurement en deux parties par un mur de 40 centimètres d'épaisseur construit à hauteur de la façade sud de la maison d'habitation.

La partie au nord sert de grenier à paille, son mur extérieur est percé de trois grandes fenêtres identiques à celles de l'atelier de charronnage. Une grande porte établit la communication avec la petite cour intérieure.

La partie sud est une bergerie avec greniers au-dessus. A l'extérieur, on y trouve dix fenêtres en créneaux comme celles déjà décrites, et à l'intérieur, deux portes, donnant sur la grande cour intérieure.

Tous ces bâtiments ont des murs épais de 70 centimètres. Les toits sont couverts en tuiles.

6° *Jardin.* Au sud de la ferme et séparé par un intervalle de 30 mètres, se trouve un verger rectangulaire de 120 mètres sur 60 mètres entouré de murs. Sa plus grande dimension est à peu près parallèle à la grande porte d'entrée. Les murs ont 2 mètres de hauteur et 30 centimètres de large. A l'ouest, le verger est de 5 mètres en retraite sur la façade extérieure de la ferme.

A l'est, il la déborde au contraire de 50 mètres environ, ce qui pourrait être utilisé pour le flanquement si l'attaque venait de ce côté.

7° *Le Terrain environnant* est découvert au sud, à l'est et à l'ouest. Au nord, la forêt n'est éloignée que de

300 à 400 mètres, l'ennemi pourrait donc s'avancer à couvert jusqu'à cette distance.

Ce côté étant par conséquent le plus faible, il faudrait le renforcer artificiellement, par exemple, en creusant en avant une tranchée qui donnerait une deuxième ligne de feu.

Il faudrait aussi relier le verger à la ferme par un double épaulement.

Saint-Germain, le 10 Mai 1872.

LE MARÉCHAL DES LOGIS,

X...

RECONNAISSANCE D'UNE FERME

au point de vue du cantonnement.

ORDRE:

Le maréchal des logis X... ira reconnaître la ferme du Trou-d'Enfer afin d'examiner les ressources qu'elle offre pour le logement d'une troupe de cavalerie.

Saint-Germain, le 9 Mai 1872.

LE CAPITAINE-COMMANDANT,

N.

EXÉCUTION *(V. pl. 3.)*.

La ferme se compose de cinq grands bâtiments. Quatre d'entre eux forment par leur groupement un rectangle de 110 mètres de long sur 75 à 76 mètres de large. Le cinquième, établi à l'intérieur de ce rectangle, est la maison d'habitation.

Elle compte un rez-de-chaussée et un étage surmonté de greniers ; sa longueur est de 25 mètres, elle se relie au bâtiment Est par un rez-de-chaussée de 10 à 12 mètres. La largeur commune étant de 8 mètres, on pourrait y loger 100 à 120 hommes. Le bâtiment nord se compose d'un grand magasin à paille, de chambres, de remises et d'un atelier de charronnage. Sa longueur étant de 76 mètres et sa largeur de 10 mètres, on pourrait facilement y loger 150 hommes.

Le bâtiment Est, long de 90 mètres et large de 6 mètres comprend : 1° un magasin à fourrage de 30 mètres, dans lequel on pourrait loger 60 hommes ; 2° une bergerie de 60 mètres dans laquelle 45 chevaux trouveraient facilement place.

Le bâtiment sud, séparé en deux par la porte d'entrée de la ferme, se compose de hangars surmontés de greniers, ayant 8 mètres de largeur et une longueur totale de 55 mètres. On y placerait soit 110 hommes, soit 50 chevaux ; dans ce dernier cas, la largeur étant suffisante, on mettrait ces animaux sur deux rangs aux extrémités Est et Ouest qui sont fermées par les murs des bâtiments voisins.

Enfin le bâtiment ouest renferme trois écuries et une

bergerie, ayant ensemble 80 mètres de long sur 6 mètres de large. On y abriterait facilement 60 chevaux.

La ferme peut donc servir à loger en tout 330 hommes et 155 chevaux.

Ses ressources en fourrages consistent en 60000 kilog. de paille et 650 hectolitres d'avoine.

Pour l'alimentation des hommes, on trouve 35 bêtes à cornes, 420 moutons, et 400 hectolitres de blé. Une fontaine placée contre la façade nord de l'habitation, donne une eau claire et saine. Il n'y a pas de four à cuire le pain, et on ne trouve que trois cheminées en y comptant celle de la forge, placée au milieu du bâtiment ouest entre les écuries et la bergerie.

Saint-Germain, le 10 Mai 1872.

LE MARÉCHAL DES LOGIS,

X...

RECONNAISSANCE GÉNÉRALE D'UN VILLAGE.

ORDRE :

Le sous-officier X... ira reconnaître le village du Mesnil ; il examinera les ressources qu'il présente pour le cantonnement et la façon dont il pourrait être défendu contre un ennemi venant de Maisons-Laffitte.

EXÉCUTION :

Le village du Mesnil, situé entre la forêt de Saint-Germain et la route de Carrières à Maisons-Laffitte, occupe le sommet d'une croupe qui descend vers la Seine. Il se compose de 55 maisons, compte 203 habitants. Les maisons sont groupées des deux côtés d'une rue circulaire qui entoure l'église à une distance de 25 à 30 mètres. Leur façade extérieure donne sur des vergers entourés de murs qui forment une enceinte continue autour du village. Six chemins ou routes aboutissent au Mesnil. (*Voir planche III*). Ce sont : Au nord-ouest la route A qui conduit dans la forêt ; au nord l'ancienne route B et la nouvelle C, aboutissant à la porte de Maisons ; à l'est la route D et le chemin E qui vont rejoindre la route de Carrières à Maisons-Laffitte. Ce dernier est très-raide et impraticable aux voitures.

Enfin au sud, la route de Carrières-sous-Bois.

Ces routes sont presque toutes bordées de murs jusqu'à une distance de 200 ou 300 mètres.

A 320 mètres au nord du village, entre les routes B et D, se trouve un mur de 450 mètres de long, formant avec ceux qui longent ces routes une enceinte triangulaire, facile à défendre. A 100 mètres plus au sud, un second mur parallèle au premier, donne une seconde ligne de défense.

Du côté Est et du côté Sud, d'autre clôtures, allant d'une route à l'autre, donnent les mêmes avantages pour la défense.

Cette sorte d'enceinte, fermée sur les routes par des

barricades avec fossés en avant, n'aurait qu'à être crénelée pour devenir très-difficile à enlever. En arrière des murs de vergers, on organiserait défensivement les maisons et enfin l'église avec le groupe des maisons adjacentes fournirait un bon réduit.

De nombreux puits situés dans le village permettraient d'éteindre de suite les commencements d'incendie.

Comme cantonnement, le village du Mesnil pourrait servir à loger 550 hommes environ et 200 chevaux. Ses ressources alimentaires consistent en 60 bêtes à cornes, et 45000 kilog. de blé. On trouve aussi dans le village 80 chevaux, 15000 kilog. de paille, 8000 kilog. de oin, 190 hectolitres d'avoine, un peu d'orge et un peu de seigle.

L'eau des puits y est très-saine. Une forge et deux fours à pain pourraient être employés pour les besoins des troupes.

Saint-Germain, le 10 Mai 1872.

LE MARÉCHAL DES LOGIS,

X...

RECONNAISSANCE D'UN CHEMIN DE FER.

ORDRE :

Le sous-officier X... ira reconnaître la ligne du chemin de fer entre Maisons-Laffitte et Asnières.

Saint-Germain, le 9 Mai 1872.

LE CAPITAINE-COMMANDANT,

N.

EXÉCUTION :

Le chemin de fer qui relie Maisons-Laffitte à Asnières fait partie de la ligne de Rouen à Paris. Il est à double voie. Il franchit la Seine immédiatement après Maisons, sur un grand pont dont plusieurs arches reposent sur l'île de la Commune. La voie est dirigée en ce point du nord-ouest au sud-est ; elle est en remblai à 8 ou 10 mètres au-dessus du terrain environnant. A 320 mètres de la rive droite de la Seine, elle passe au dessus de la route de Sartrouville au Pecq sur un pont en pierre long de 5 mètres et haut de 4 mètres 50 centimètres.

Le remblai diminuant progressivement finit 200 mètres après ce pont. La voie entre alors en déblai. A

740 mètres plus loin, elle passe sous un ponceau en pierre, long de 3 mètres, à une profondeur de 7 mètres environ. C'est le point de passage du chemin reliant Sartrouville à Montesson. Le déblai continue à croître et à 660 mètres plus loin il atteint un maximum de 9 mètres. Il diminue ensuite progressivement pendant 880 mètres jusqu'à la croisée de la route de Houilles à Montesson où il n'a plus que 4 mètres de profondeur. Un pont en pierre, long de 5 mètres, qui reliait les deux parties de cette route est actuellement détruit. Le déblai cesse à 150 mètres plus loin ; mais la voie est bordée jusqu'à la station de Houilles, c'est-à-dire encore sur une longueur de 520 mètres par des murs de clôture de verger.

La station de Houilles, éloignée de 700 mètres du village dont elle porte le nom, ne se compose que d'une petite maison de trois fenêtres de façade, à un étage. A partir de ce point, la voie redevient en remblai ; à 250 mètres, elle franchit la route de Saint-Germain à Bezons sur un pont de 6 mètres de longueur élevé de 5 mètres. Ce pont, autrefois en pierre, a été détruit pendant la guerre. On le rétablit aujourd'hui en pierre et fer. Les rails sont provisoirement soutenus par une charpente en bois.

La voie se maintient ensuite en remblai pendant 1250 mètres jusqu'à la Seine avec une hauteur variant de 4 à 8 mètres au dessus du terrain environnant. Elle franchit, sur deux petits ponts en pierre situés à 500 et 600 mètres du précédent, les chemins en terre qui relient Carrières-Saint-Denis à Bezons.

Le pont du chemin de fer jeté sur la Seine a une

longueur de 300 mètres. Autrefois construit en fer, avec piles en pierres, il a été détruit pendant la guerre et est provisoirement remplacé par un *pont de service* en bois. On travaille à sa reconstruction, les piles sont déjà complétement rétablies.

Après avoir dépassé la Seine, la voie change de direction et marche sensiblement de l'ouest à l'est jusqu'à Asnières ; elle est à peu près à niveau pendant 2300 mètres, c'est-à-dire jusqu'à la station de Charlebourg, point d'embranchement de la ligne qui mène à Saint-Germain. Elle entre ensuite en remblai. A 300 mètres de là, elle passe sous la route nationale de Pontoise à une profondeur de 9 mètres. Les talus vont ensuite en s'abaissant. Après 1300 mètres, la voie passe sous un pont en fer ayant 6 mètres de haut et autant de large qui sert au passage de la route de Colombes à Courbevoie. Peu après, le déblai cesse ; à 700 mètres, on trouve le passage à niveau d'un chemin conduisant à Colombes, et à 900 mètres plus loin, celui d'un autre chemin conduisant à Gennevilliers. A 800 mètres de ce dernier point, on trouve l'embranchement de la ligne qui va rejoindre le chemin de fer du nord en passant par Argenteuil. Entre les deux voies, sont situés d'immenses magasins renfermant tous les objets nécessaires à l'entretien ou à la construction d'une voie importante, savoir : rails, coussinets, joints, boulons, traverses équarries ou en grumes, poteaux télégraphiques, plaques tournantes, matériel d'aiguillage, etc., etc. On y trouverait facilement de quoi réparer les dégâts qui auraient pu être faits à la voie. A partir de ce point, le chemin de fer est en remblai pendant 600 mètres jusqu'au pont sur lequel il franchit la Seine après Asnières. Un peu avant le pont, on trouve encore un embranchement qui est celui de la ligne de Versailles.

Les points où la voie peut être efficacement coupée entre Maisons-Laffitte et Asnières, sont ceux où elle franchit la Seine et aussi ceux où elle passe au-dessus des routes ou chemins conduisant à Bezons. Ces dernières coupures seraient promptement réparées, mais la destruction des ponts sur la rivière demanderait un travail long et important pour le rétablissement de la circulation.

Une triple ligne télégraphique longe la voie sur tout son parcours entre les deux points indiqués. On ne trouve d'appareils télégraphiques qu'aux stations de Houilles, de Charlebourg et d'Asnières.

Saint-Germain, le 10 Mai 1872.

LE MARÉCHAL DES LOGIS,

X...

ITINÉRAIRES

Dans notre premier exemple nous avons montré la façon dont doit être fait le rapport sur la reconnaissance d'une route.

Lorsque la ligne à reconnaître présente une grande étendue, cette forme de rapport est trop longue et présente peu de clarté; on la remplace par le *Tableau d'Itinéraire*.

Ce tableau se compose de sept colonnes disposées comme le montre la *planche III*.

Dans la première, intitulée : *Noms des lieux et désignation des points remarquables sur la route*, on devra indiquer, avec leur distance au point de départ, les lieux habités, villages, maisons isolées, cabarets, etc.; les changements de direction de la route, les défilés, les montées, les descentes et les embranchements de routes, de chemins.

Dans la deuxième colonne, on mettra les distances entre chacun des points signalés dans la première.

Dans la troisième, la largeur de la route.

Dans la quatrième, intitulée : *Nature de la route, son état d'entretien*, on fera figurer sa direction, son tracé, la nature de sa chaussée et sa position par rapport au terrain environnant.

La cinquième colonne doit être occupée par des croquis représentant les points de la route qui peuvent servir à la distinguer, arbres remarquables, vieux murs, ponts, croix, etc., etc.

La sixième, intitulée : *Détails descriptifs et renseignements statistiques sur le terrain parcouru,* devra contenir : la description des lieux habités voisins de la route, avec leur population, le nombre de feux et les ressources qu'on y trouverait ; quelques détails sur les embranchements de routes signalés dans la première colonne ; une reconnaissance rapide des fleuves, rivières, ruisseaux et fontaines qu'on rencontre, les mauvais pas de la route et les ressources qu'offrent les environs pour leur réparation enfin, un aperçu général du terrain qu'on parcourt.

La septième colonne, intitulée : *Considérations militaires*, présenterait quelques difficultés pour des sous-officiers ; ils devront se borner à dire quelques mots, sur la possibilité de défendre ou d'attaquer les défilés, ponts, gués, bois, villages, côteaux, etc., qui ont été signalés dans les colonnes précédentes.

Les tableaux d'itinéraires comme tous les rapports de reconnaissances, doivent être accompagnés d'un croquis.

—

SEPTIÈME PARTIE

EMPLOI DE LA CARTE

dans le service d'avant-postes.

Nous allons tâcher de faire voir dans ce chapitre, comment l'emploi d'une carte permet d'effectuer rapidement et avec le plus de chances de succès, les petites opérations du service des avant-postes.

La carte d'état-major étant celle qui se trouvera le plus fréquemment entre les mains des sous-officiers, nous allons dire d'abord quelques mots des signes conventionnels qu'on y rencontre.

Les routes, suivant leur importance, sont représentées par quatre traits, deux traits où un seul trait *(Planche II)*. Celles à quatre traits sont les routes nationales, il n'y en a qu'une espèce. Mais celles représentées par deux traits sont de plusieurs sortes, ce sont: les routes départementales, les routes de grande communication, toutes les routes et tous les chemins sous bois, les rues des villes ou villages, etc. Pour les distinguer, on a dû modifier plus ou moins l'écartement des traits. Aussi dans

l'inspection d'une carte, devra-t-on comparer soi-
gneusement entre eux ces écartements, pour se
faire une idée de l'importance relative des routes
correspondantes.

Les chemins vicinaux et chemins d'exploitation
sont représentés sur la carte par un seul trait; c'est
l'épaisseur plus ou moins forte de ce trait, qui indiquera l'espèce du chemin. On dessine également
par un seul trait les murs de clôture et les ruisseaux.
Il faut s'habituer de bonne heure à ne pas confon-
dre ces objets entre eux, dans la lecture de la carte.
Le trait représentant un mur, se distinguera par sa
rectitude, et encore mieux, par ce qu'il fera généralement partie d'une enceinte continue, enfermant
des bois, des jardins ou des vergers. Les ruisseaux
occuperont toujours les dépressions du terrain, marquées par les endroits où les hachures se rencontrent à angle aigu. Le trait qui les représente sera
très-ondulé. En outre, en suivant leur tracé sur la
carte, on trouvera des ponts aux points où les cou-
pent les routes et on les verra aboutir à un autre
cours d'eau, à un lac ou à la mer.

Pour donner à simple vue une idée de l'importance
des villes ou villages représentés sur la carte, on
a établi une convention sur la manière d'écrire
leur nom. Les villes sont désignées par des *ca-
pitales* plus ou moins grandes, suivant leur population; les bourgs et les gros villages, par des *capi-*

tales penchées; les villages et hameaux, par des *romaines*; et enfin les fermes par des *italiques*.

La différence de niveau entre deux hauteurs ou le *commandement* de l'une sur l'autre, est chose importante à connaître à la guerre.

La carte fournit ce renseignement au moyen de *cotes*. On appelle de ce nom, les nombres qui sont inscrits à côté des principaux points remarquables du terrain, et qui expriment la hauteur de ces points au-dessus du niveau de la mer. Une simple soustraction donne donc de suite, en mètres, la différence de niveau entre deux positions déterminées.

Passons maintenant à l'emploi de la carte dans les petites opérations.

Conduite d'une patrouille de renseignement ou découverte.

On sait que ces patrouilles, envoyées en avant de la chaîne des avant-postes, ont pour mission de franchir la ligne des vedettes ennemies, pour aller voir ce qui se trouve en arrière.

Elles sont généralement composées de quelques cavaliers intelligents et bien montés, conduits par un sous-officier. Ils doivent éviter de se faire voir, et surtout de s'engager dans une lutte inégale autant qu'inutile avec l'ennemi. L'étude de la carte rendra beaucoup plus facile leur délicate mission.

Supposons par exemple, que l'ennemi occupe les environs de Maisons-Laffitte (voir planche II). Une de ses grand'gardes, placée au Mesnil, a déployé ses vedettes entre la porte du Buisson-Richard et la Seine. Un sous-officier est envoyé avec trois hommes pour aller reconnaître ce qui se passe sur le plateau au nord-est du Mesnil. En consultant sa carte, il voit qu'il ne pourra franchir la ligne des vedettes ennemies qu'à l'ouest de la chaîne d'escarpements qui borde au nord le chemin du Buisson-Richard. Afin d'arriver à ce point sans être vu, il quittera la route aux premières maisons de Carrières-sous-Bois, et prendra à gauche un sentier qui passe entre d'anciens puits de carrières. Il traversera avec une extrême attention le chemin qui descend de la porte de la forêt, et s'élevant sur le côteau, longera le mur de clôture, afin d'échapper aux regards du petit poste installé à la ferme de Vaux. Arrivé à hauteur de l'enclos situé entre la route du Mesnil et celle de Maisons-Laffitte, il ira en longer le mur Est pour n'être pas vu, et marchant à mi-hauteur entre le Mesnil et la route de Maisons, il parviendra sur le plateau entre ces deux localités, et pourra, conformément aux ordres reçus, y observer ce qui s'y passe. Descendant ensuite vers la Seine, il retournera rapidement en longeant la rive gauche; il ne pourra rencontrer là, qu'une ou

4.

deux vedettes qu'il lui sera possible d'enlever, puisqu'il les prendra par derrière.

Cette petite opération, rendue très-facile par l'emploi de la carte, aurait été d'une très-grande difficulté si on n'avait pas connu d'avance le terrain.

Établissement d'un petit poste en avant d'une grand'garde.

Un sous-officier pourra fréquemment être chargé d'aller établir un petit poste déployant des vedettes en avant de lui. Dans ce cas, l'examen de la carte, en lui faisant immédiatement connaître les routes par lesquelles peut arriver l'ennemi, lui dictera les positions à occuper.

Supposons par exemple qu'un maréchal des logis avec quinze hommes reçoive l'ordre d'aller s'établir aux environs du Mesnil s'éclairant par des vedettes dans la direction de Maisons-Laffitte et se reliant aux vedettes du petit poste voisin, sur la route de Maisons à Poissy. En regardant la carte *(planche II)*, il voit que l'ennemi arrivera, soit par la forêt, soit par le terrain compris entre le mur de clôture et la Seine. Il placera donc deux vedettes à la porte de Maisons, l'une en dedans du mur observant la forêt, l'autre en dehors, surveillant le terrain dans la direction du chemin de fer. Les premières vedettes

du poste voisin étant au rond-point situé à un kilomètre à l'ouest de celles-ci, pour se relier avec elles,
conformément à l'ordre reçu, il mettra une double
vedette à mi-chemin. Un des hommes devra rester
en place tandis que le second marchant sur la route
ira d'une vedette à l'autre. Les deux cavaliers chan-
geront alternativement de rôle. Enfin, il placera une
troisième vedette double sur la route de Maisons à
Carrières, au sommet du petit coteau sur lequel
cette route s'élève. L'un des cavaliers observera
attentivement le terrain du côté de la Seine, l'autre
du côté du chemin de fer.

Afin de pouvoir secourir rapidement ces vedettes
le petit poste se placera au nord du Mesnil sur la
route conduisant à la Porte de Maisons. Il s'abritera
derrière le grand mur de verger qu'on y rencontre.

En cas d'attaque les vedettes recevront l'ordre de
se replier sur le petit poste, qui, pour ne pas être
tourné viendra se placer au sud du Mesnil, sur la
route, en arrière de l'Église.

Après avoir ainsi disposé sa troupe, le sous-
officier fera un croquis rapide du terrain. Il y indiquera les positions occupées, comme le montre la
figure 9 de la *planche I*. Ce croquis, fait d'après les
principes que nous avons donnés précédemment,
sera envoyé au chef de la grand'garde avec un petit
rapport disposé comme il suit :

RAPPORT *du petit poste du Mesnil commandé par le sous-officier X...*

Le petit poste se compose de :

    1 Sous-officier ;

    1 Brigadier ;

    15 Hommes.

Le poste est établi au nord du Mesnil sur la route conduisant à la *Porte de Maisons*. Il fournit trois doubles vedettes :

N° 1, sur la route de Maisons-Laffitte à Carrières-sous-Bois.

N° 2, à l'entrée de la forêt, à la porte de Maisons.

N° 3, sur la route de Maisons à Poissy, dans la forêt.

Les patrouilles envoyées vers Maisons-Laffitte n'ont rien signalé.

Pour la nuit, les vedettes garderont les positions indiquées, mais le petit poste se repliera au sud du Mesnil derrière l'Église.

Le Mesnil, le 10 Mai 1872.

LE MARÉCHAL DES LOGIS, CHEF DE POSTE,

X...

Conduite d'une avant-garde.

C'est surtout dans la conduite d'une avant-garde, que la carte rendra des services. Car elle fera connaître d'avance le terrain qu'on aura à parcourir et permettra d'envoyer de suite des éclaireurs sur les points les plus favorables.

Supposons qu'une troupe se rende de Carrières-sous-Bois à Maisons-Laffitte. On sait que la forêt n'est pas occupée par l'ennemi. Un sous-officier avec douze hommes est chargé d'éclairer la colonne pendant sa marche. Il voit sur la carte *(planche 2)* que l'ennemi ne peut tendre d'embuscade qu'en deux points, d'abord au Mesnil et ensuite dans le vallon qui s'étend entre ce village et Maisons-Laffitte. Il se portera donc rapidement à la ferme de Vaux, puis enverra reconnaître le village du Mesnil par un brigadier et trois hommes. Un de ces cavaliers se placera en vedette sur le sommet de la croupe, au sud-est du Mesnil, tandis que les deux autres avec le brigadier fouilleront le village. Si l'ennemi ne s'y trouve pas, le sous officier en sera prévenu et marchera avec le reste de sa troupe sur la route de Maisons, pendant que le brigadier et les deux hommes dépassant le Mesnil se porteront en avant. Un des hommes, suivant la route qui conduit à la porte de Maisons, se placera en vedette en ce point. Le deuxième et le brigadier, marchant parallèlement à la route, traverseront le vallon et iront s'arrêter sur le bord du plateau qui s'étend jusquà Maisons-Laffitte, surveillant le terrain de ce côté.

Le sous-officier arrivé au débouché du premier chemin descendant du Mesnil, est rallié par la vedette qu'on avait placée la première. Quand il arrivera au point d'embranchement du deuxième chemin, il fera porter en avant le brigadier et les deux hommes placés en flanqueurs, jusqu'à ce qu'ils atteignent la ligne du chemin de fer. Parvenu à cette hauteur, il fera fouiller Maisons-Laffitte et après avoir reconnu que l'ennemi ne l'occupe pas, il enverra ses vedettes en dehors de la ville du côté nord et les y laissera en observation jusqu'à ce qu'il reçoive, du chef de la colonne, l'ordre de rentrer.

Pendant la marche, le sous-officier enverra fréquemment des renseignements au commandant qui l'a détaché en avant.

Il doit recommander aux flanqueurs de ne pas se replier sur lui en cas d'attaque, mais de se retirer rapidement *par le chemin qu'ils ont suivi au départ*. Il évitera ainsi de faire connaître de suite à l'ennemi la position qu'il occupe avec sa troupe et l'obligera à une poursuite divergente qui ne peut jamais être bien vive.

Nous pourrions multiplier ces exemples de petites

opérations et faire ressortir chaque fois les avantages de l'emploi des cartes.

Mais nous espérons que ce qui précède suffira pour donner aux sous-officiers laborieux le désir de se familiariser avec cette étude.

En employant une carte pour se diriger dans leurs promenades à cheval, en s'essayant à faire des reconnaissances et des petits levés à vue, ils arriveront à connaître le terrain; ils pourront alors, en campagne, remplir un rôle sérieux dans le service d'avant-postes et y trouveront assez de satisfactions d'amour-propre pour ne pas regretter les heures qu'ils auront passées au travail dans leurs garnisons.

Saint-Germain, le 10 Juin 1872.

TABLE DES MATIÈRES.

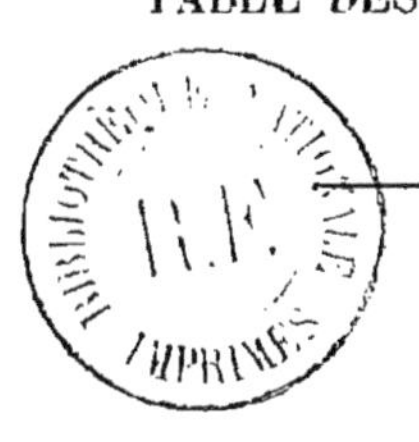

Saint-Germain-en-Laye. — Imp. TH. LANCELIN, rue de Paris, 27.

PLANCHES

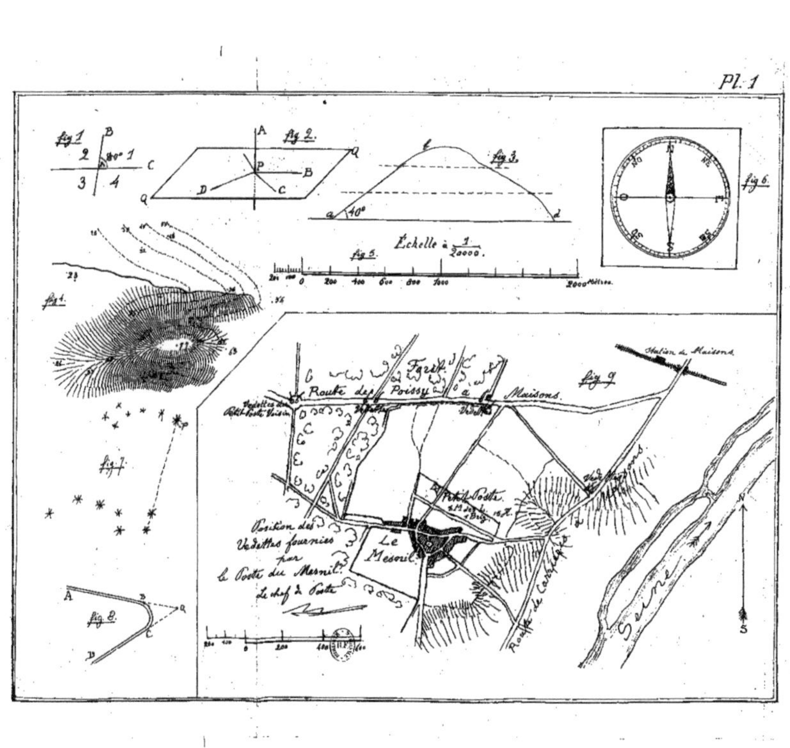
fig 1.
fig 2.
fig 3.
fig 5.
fig 6.
fig 7.
fig 8.
fig 9.
Échelle à 1/20000
Route de Poissy à Maisons
Station de Maisons
Forêt
Le Mesnil
Petit-Poste
Vedettes du Petit-Poste Voisin
Position des Vedettes fournies par le Poste du Mesnil
Le chef de Poste
Route de Carrières
Seine

SIGNES CONVENTIONNELS.

ROUTES.

Route Nationale.

Sans arbres. Bordée d'arbres.   En déblai. En remblai.

Route Departementale.   Route de G^{de} Communication.

Chemin Vicinal.   Chemin d'exploitation.   Sentiers.

CHEMINS DE FER.

Au $\frac{1}{20\,000}$.   Au $\frac{1}{80000}$.   Tunnel. Pont ou Viaduc.

Gare.   Station.   Passage en dessus; — en dessous.

Passage à niveau.

COURS D'EAU.

Rivière.   Ile.   Gués.   Pont.   Ruisseau.

Sens du courant.   Pour Voitures. Pour chevaux.

CULTURES.

Prairies.   Marais.   Vergers.

Limites des cultures.   Haies.   Murs.

Vignes.   Bois

ÉGLISE.   MAISONS.   MOULINS à VENT et à EAU.

Cimetière.   Étang.

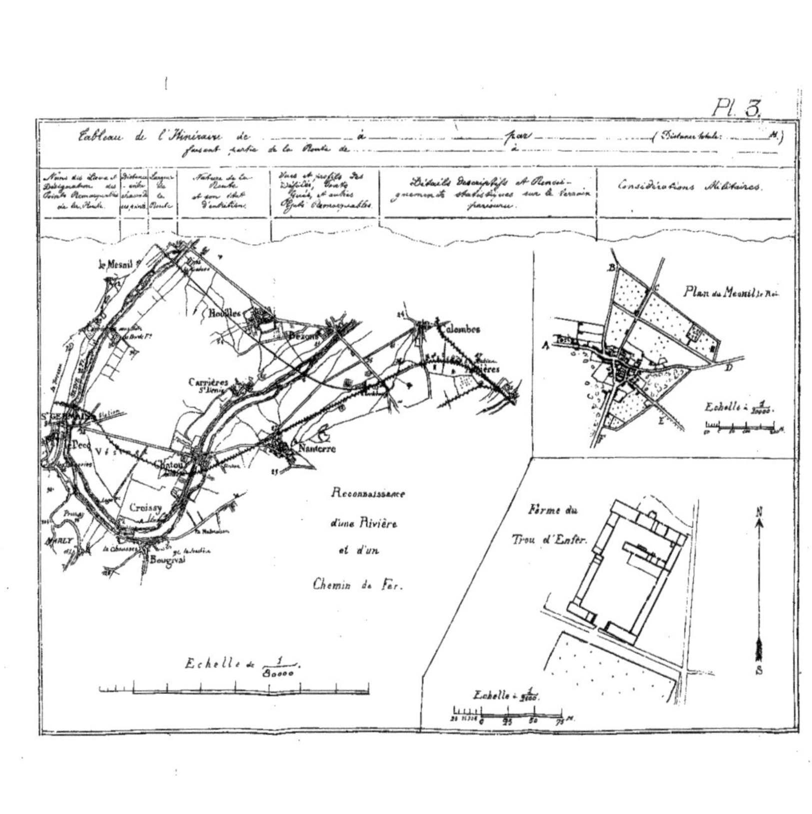
Tableau de l'Itinéraire de à par (Distance totale : M.)
faisant partie de la Route de à
Noms des Lieux et Désignation des Points Remarquables de la Route.
Distance entre chacun des points
Largeur de la Route
Nature de la Route et son état d'entretien.
Vues et profils des Difficultés, Gués, et autres Effets remarquables.
Détails Descriptifs et Renseignements statistiques sur le Terrain parcouru.
Considérations Militaires.
le Mesnil
Houilles
Bezons
Carrières St Denis
St Germain
Pecq
Vésinet
Chatou
Croissy
Marly
Bougival
Nanterre
Colombes
Reconnaissance
d'une Rivière
et d'un
Chemin de Fer.
Echelle de 1/50000
Plan du Mesnil le Roi
A B D E
Echelle : 1/20000
Ferme du Trou d'Enfer
N S
Echelle : 1/500